AF331869

Exposition universelle de 1900

INSTITUT PHOTOTHÉRAPIQUE

DE

M. le Professeur **FINSEN**

SUBVENTIONNÉ PAR L'ÉTAT DANOIS

ET PAR

LA VILLE DE COPENHAGUE

Traitement de la variole dans la lumière rouge

PHOTOTHÉRAPIE
BAINS DE LUMIÈRE

PARIS

GEORGES CARRÉ ET C. NAUD, ÉDITEURS

3, RUE RACINE, 3

1900

Exposition universelle de 1900

INSTITUT PHOTOTHÉRAPIQUE

DE

M. le Professeur **FINSEN**

SUBVENTIONNÉ PAR L'ÉTAT DANOIS

ET PAR

LA VILLE DE COPENHAGUE

Traitement de la variole dans la lumière rouge

PHOTOTHÉRAPIE
BAINS DE LUMIÈRE

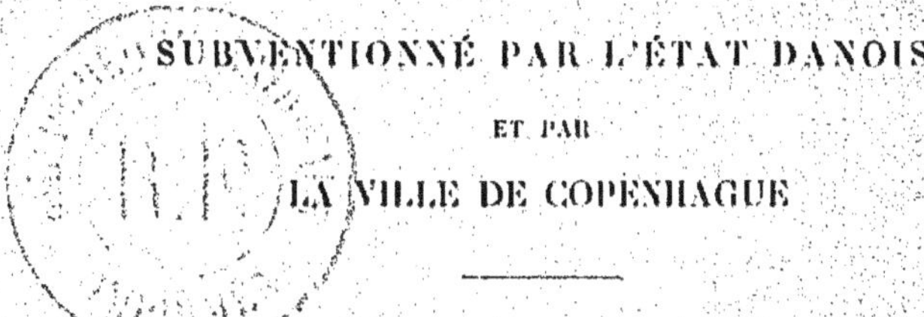

PARIS

Georges CARRÉ et C. NAUD, Éditeurs

3, RUE RACINE, 3

1900

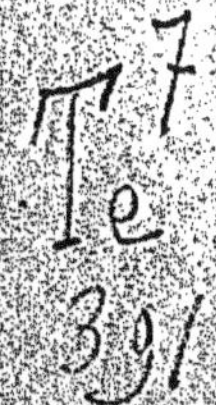

INSTITUT PHOTOTHÉRAPIQUE

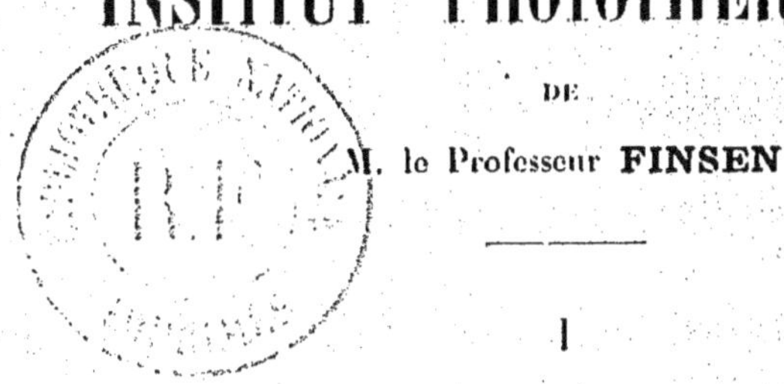

DE

M. le Professeur **FINSEN**

I

L'INSTITUT FINSEN, à Copenhague, est une institution scientifique subventionnée par la ville de Copenhague et par l'État. Il fut fondé en avril 1896 par plusieurs notabilités, entre autres plusieurs professeurs de médecine de l'Université avec ce programme: « *Faire et soutenir des recherches concernant l'action de la lumière sur les organismes vivants, principalement pour l'application des rayons lumineux à la thérapeutique humaine.* »

L'Institut, dont le professeur NIELS R.

Finsen est le directeur, se compose d'un laboratoire (dirigé par M. le Dr S. Bang) et d'un hôpital clinique (dirigé par M. le Dr Forchhammer). Sa fondation fut décidée à la suite des recherches de Finsen concernant l'action de la lumière, et motivée par les résultats si extraordinairement favorables, qu'il a obtenus par le traitement photothérapique de la variole et du lupus vulgaire. Finsen a démontré que les rayons chimiques de la lumière (les bleus, les violets et les ultra-violets) ont une action considérable sur l'organisme animal, et en se basant sur ces faits, il a fondé des méthodes thérapeutiques fort actives.

I

Des trois méthodes, représentées à l'Exposition universelle de 1900, l'une « la

chambre rouge » représente le traitement
de la variole dans la lumière rouge, c'est-
à-dire à l'abri des rayons chimiques de la
lumière. Pour obtenir ce résultat, la chambre est disposée de manière à filtrer toute
la lumière, qui y pénètre à travers d'épais
rideaux rouges ou du verre rouge, abso-
lument comme les photographes procèdent
pour préserver leurs plaques.

Cette méthode, essayée par Finsen en
1893, s'est montrée très efficace dans le
traitement de la variole. Elle est fondée
sur l'observation de Finsen, que la suppuration des vésicules est due à la pro-
priété des rayons chimiques de provoquer
l'inflammation. En conséquence, si le
varioleux est placé au début de sa maladie dans la lumière rouge, il ne se produira pas de suppuration des vésicules, qui

se dessécheront vite sans laisser de cicatrices; il ne se produira presque pas de fièvre à la suite de l'éruption, point de complications, et la maladie se terminera presque toujours vite et facilement. Ces effets favorables ont été confirmés par les observations de nombreux médecins de différents pays sur environ 150 malades, dont une partie non vaccinés et présentant des cas très graves de variole. Les observations médicales sur la méthode lui sont unanimement favorables. Il y a lieu de supposer que cette méthode aura un effet favorable sur plusieurs maladies de la peau, où la lumière joue un rôle, par exemple sur *le Pellagra, Xeroderma pigmentosum* et sur *l'érythème solaire*, et probablement aussi sur d'autres maladies exanthématiques.

II

Tandis que la méthode de la chambre rouge est basée sur l'exclusion des rayons chimiques de la lumière, les deux autres méthodes, représentées à l'Exposition universelle, se basent au contraire sur l'*application directe des rayons chimiques de la lumière comme moyen thérapeutique.*

Le traitement par les rayons chimiques concentrés se fonde sur les trois propriétés des rayons chimiques : 1° de pouvoir tuer des bactéries et d'autres micro-organismes ; 2° de pouvoir produire une hyperémie et une inflammation locale ; 3° de pouvoir pénétrer la peau et les autres tissus vivants.

Pour utiliser pratiquement ces qualités, il faut cependant concentrer fortement la lumière, de même qu'il faut employer une lumière particulièrement riche en rayons chimiques. Les lampes et les appareils de concentration, exposés, ont été construits dans ce but. Les lampes sont à arc voltaïque de 60-80 ampères. Les appareils de concentration pour la lumière sont des tubes métalliques, munis d'un système de lentilles en cristal de roche (substance qui laisse passer bien plus de rayons ultra-violets que le verre). Entre les lentilles il y a une couche d'eau distillée, qui absorbe les rayons caloriques. De cette manière on n'a à craindre aucune brûlure.

Pour augmenter l'effet des rayons chimiques, on place sur la partie malade, qu'on va traiter, un appareil compresseur en cristal de roche, pour rendre le tissu exsangue et par ce moyen faire pénétrer la lumière plus profondément dans les tissus.

De plus, les appareils compresseurs sont traversés d'un courant continuel d'eau froide pour refroidir la peau et permettre aux malades de supporter sans douleurs une lumière aussi concentrée que possible.

Quand on peut se servir de la lumière solaire, on emploie des lentilles creuses en verre, remplies d'une faible solution ammoniacale de sulfate de cuivre, qui absorbe les rayons caloriques. La lumière solaire contenant relativement plus de rayons ultra-violets que la lumière électrique, on peut ici employer du verre, au lieu de cristal de roche.

La force de la lumière voltaïque concentrée, employée pour ce traitement, se démontre le mieux par les expériences suivantes. Si l'on expose une culture de *ba-*

cillus prodigiosus en plein midi, au milieu
de l'été aux rayons solaires, les bactéries
sont tuées après une heure ; exposées à la
lumière voltaïque concentrée, elles meu-
rent au bout de 1 à 2 secondes.

Cette méthode a été indiquée par Finsen
en 1895, et publiée en 1896.

Des deux séries d'appareils de concentration, exposées ici, l'une montre les appareils solaires, l'autre les appareils de
concentration pour la lumière électrique.
Elles démontrent le développement et l'a-
mélioration des constructions des appareils
pendant les 5 dernières années. Toutes les
constructions sont dues à Finsen.

Ce traitement est indiqué, quand la
maladie est *bactérielle, locale* et *super-
ficielle.*

La première maladie, contre laquelle la

méthode a été employée, est le *lupus vulgaire*. Une série de photographies de
malades, avant et après le traitement par
la lumière, sont exposées. Les informations
statistiques qui suivent, concernent tous
les malades traités dans l'Institut Finsen,
jusqu'au premier janvier 1900 par la lumière
concentrée, et elles donneront, avec les
photographies exposées, une idée de la
portée de la méthode et des résultats qu'on
en peut attendre.

STATISTIQUE

Jusqu'à la fin de 1899, on a traité par la
lumière concentrée en tout 622 malades.

1. Lupus vulgaire.

462 cas, dont 311 sont guéris.
    121 encore en traitement.
    30 ont interrompu le traitement avant
      la guérison complète.

2. Lupus érythémateux.

34 cas, dont   12 guéris.

10 en traitement.

12 traitement interrompu.

3. Epithelioma cutaneum.

18 cas, dont   9 guéris.

2 en traitement.

7 traitement interrompu.

4. Acne vulgaris & acne rosacea.

17 cas, dont   9 guéris.

1 en traitement.

7 traitement interrompu.

5. Alopecia areata (Pelade),

29 cas, dont   22 guéris.

1 en traitement.

6 traitement interrompu.

6. Différentes autres maladies de la peau.

62 cas, dont   10 cas de *novus vascularis planus*.

1 guéri, les autres très améliorés.

III

Le traitement par *les bains de lumière* consiste à exposer le corps nu à la lumière, soit à la lumière solaire, soit à la lumière électrique. A cet effet, on emploie à l'Institut deux lampes à arc voltaïque, de 100 ampères chacune, qui sont suspendues au milieu d'une salle et jettent la lumière sur 20 cabinets de bain, placés en forme de rayons. La méthode est encore dans la période d'expériences, et l'on ne peut pas donner jusqu'à présent d'indications précises. Cependant, on sait d'une façon certaine, que les rayons chimiques produisent une pigmentation de la peau, ainsi qu'une dilatation des capillaires de la peau et de l'hyperémie; de plus, les expériences faites jusqu'ici semblent prouver que la lumière a une influence favorable sur la régénération du sang.

LITTÉRATURE

Niels R. Finsen : *Les rayons chimiques et la variole*. La Semaine médicale, 3o juin 1894.

— *Die Behandlung der Variola im rothem Licht*. Neisser : Stereoscopischer medicinischer Atlas 2. Lief., 1894.

— *The red light treatment of smallpox*. British Medical Journal, 7 décembre 1895.

OEttinger : *Traitement de la variole par le procédé dit « la chambre rouge »*. La Semaine médicale, 3o mai 1894.

J.-W. Moore : *A case of smallpox and its lessons*. Dublin : Journal of medical science, december 1894.

Péronnet : *Du traitement de la variole par la méthode de Finsen*. Thèse, Paris, 1897.

Niels R. Finsen : *Le traitement du lupus vulgaire par les rayons chimiques* concentrés. *La Semaine médicale,* 22 décembre 1897.

— *La Photothérapie.*

I. *Les rayons chimiques et la variole.* — II. *La lumière comme agent d'excitabilité.* — III. *Traitement du lupus vulgaire par les rayons chimiques concentrés* (Carré et Naud). Paris, 1899.

— *Ueber die Anwendung von concentrierten chemischen Lichtstrahlen in der Medicin* (F.-C.-W. Vogel). Leipzig, 1899.

— *Ueber die Bedeutung der chemischen Strahlen des Lichtes für Medicin und Biologie* (F.-C.-W. Vogel), Leipzig, 1899.

S. BANG : *Die Finsenche Lichttherapie. Monatshefte für praktische Dermatologie,* Bd. XXVII, 1898.

— *Traitement du lupus par les rayons concentrés,* d'après la méthode du professeur Finsen.

V. BIE : Professor N.-R. Finsen's *Lichttherapie. Zeitschrift für Electrotherapie und ärztliche Electrotechnik.* November, Heft, 1899.

— *Finsen's Phototherapy*. British Medical Journal, Sept. 30 th., 1899 and the Philadelphia Medical Journal, October 1899.

— *Finsen's Phototherapie. Therapeutische Monatshefte*, Januar 1900.

— *Finsen's Phototherapie Die Medicinische Woche*. No 3 Januar 29, 1900.

D. SARASON (Hamburg): *Ueber die Finsensche Lupusbehandlung. Vortrag gehalten auf der 20. Versammlung der Balneologischen Gesellschaft zu Berlin im Marz 1899*. Deutsche Medizinal, Zeitung, 1899, Nr 53-55.

CHARTRES. — IMPRIMERIE DURAND, RUE FULBERT.

CHARTRES. — IMP. DURAND, RUE FULBERT.